水引で結ぶ、
もてなす、
いろどる。
季節の小物と
アクセサリー

高橋千紗

日本文芸社

contents

SPRING

Flame
かぶとのウォールフレーム ……………… 4/50
おひなさまのウォールフレーム ……… 5/51

Glass Marker
フラミンゴのグラスマーカー ……………… 6/52

Napkin Ring & Bottle Ring
花づくしのナプキンリング、ボトルリング … 7/54

Brooch
木蓮のブローチ ……………………………… 8/56

Flower Crown
野原の花冠 …………………………………… 10/58

SUMMER

Flame
珊瑚のウォールフレーム …………………… 12/61

Earing
ビンテージボタンのイヤリング …………… 13/72

Obikazari
通り雨の帯飾り ……………………………… 14/62

Obidome
花火の帯留め ………………………………… 15/64

Hair Ornament
つぼみの髪飾り ……………………………… 16/66

Hair Stick
早乙女のかんざし …………………………… 16/68

Hair Stick
金魚のかんざし ……………………………… 17/70

AUTUMN

Flame
チョコレートコスモスのウォールフレーム … 18/73

Brooch
黒猫のブローチ ……………………………… 19/75

Garland
ハロウィンのガーランド …………………… 20/76

Glass Marker
ジャック・オ・ランタンのグラスマーカー … 22/78

Coaster
星くずのコースター ………………………… 23/80

Swag
木の実のスワッグ …………………………… 24/81

WINTER

Light
スノードームのテーブルライト …………… 25/85

Ornament
聖夜のオーナメント ………………………… 26/86

Lamp
ヤドリギのランプ …………………………… 28/88

Flame
お正月のウォールフレーム ………………… 30/84

Decoration
稲穂飾り ……………………………………… 32/90

Flower Base
升飾り ………………………………………… 34/92

Cutlery Rest
福寄せのはし置き …………………………… 35/94

How to make

水引･････････････････････････････ 36
道具･････････････････････････････ 37

Basic 1 あわび結び ･････････････････ 38
Basic 2 結び切り ･･･････････････････ 40
Basic3・4 かたわな結び、もろわな結び ････ 41
Basic 5 梅結び ･････････････････････ 42
Basic 6 平梅結び ･･･････････････････ 43
Basic 7 立体梅結び ･････････････････ 44
Basic 8 抱きあわび結び ･････････････ 45
Basic 9 連続あわび結び ･････････････ 46
Basic10 玉結び ･････････････････････ 47
Basic11 亀の子結び ･････････････････ 48
Basic12 松結び ･････････････････････ 49

はじめに

質感や色の違う水引を並べていると、さまざまなアイデアが浮かんできます。お気に入りの組み合わせを見つけたときの高揚感は、まさに子どものころに新しいものを見つけてわくわくしていた気持ちと同じ。童心にかえるような楽しい時間を過ごしてほしくて、レッスンではいろいろなバリエーションの水引を用意するようにしています。

本書でも、そんな水引の「素材としての美しさ、楽しさ」を感じでもらえるようなアイテムをたくさん紹介しています。プロセスの長いものもありますが、ぜひゆっくりとていねいに進めてみてください。仕立ての安定感や、少しの工夫による美しさの違いがわかっていただけると思います。本書を通して、水引のある暮らしが、あなたの日常にある「ハレとケ」をほんの少し充実したものにしてくれることを願っています。

高橋千紗

Flame
[かぶとのウォールフレーム]
How to make ▶ p.50

端午の節句にかぶとを飾るのは、身を守るためのお守りとして。水引の先端を鋭角に切りそろえて直線的に仕立て、勇ましい印象に。

Flame

[おひなさまのウォールフレーム]

How to make ▶ p.51

基本的な水引の結びを重ねるだけで、あっという間に愛らしいおひなさまのできあがり。大きさをそろえると、美しい仕上がりになります。

Glass Marker
[フラミンゴのグラスマーカー]
How to make ▶ p.52

ホームパーティでのグラスの目印には、カラフルなフラミンゴたちにおまかせ。羽の間をグラスに引っかけて使用します。

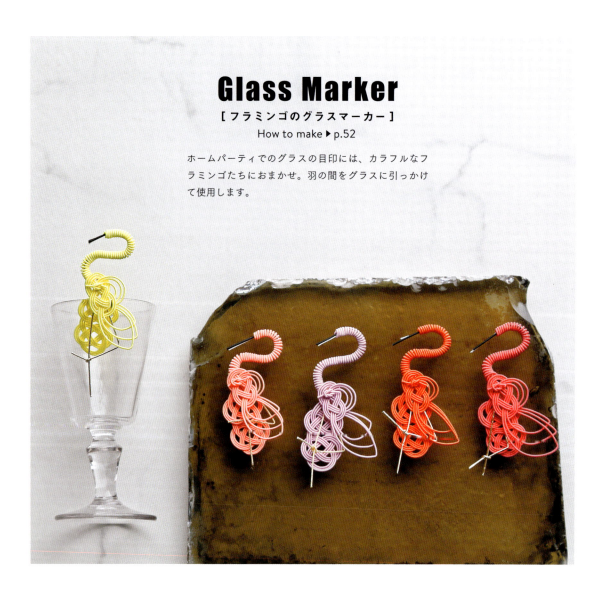

Napkin Ring & Bottle Ring
[花づくしのナプキンリング、ボトルリング]
How to make ▶ p.54

リング用に水引を結び、梅結び(p.42)を差したら完成。色の組み合わせをかえるだけで、印象もガラリとかわります。お花見など春の集まりにぴったり。

Brooch
[木蓮のブローチ]
How to make ▶ p.56

内側の花びらはあわび結び（p.38）、外側の花びらは亀の子結び（p.48）と種類をかえることで、繊細な表情をつくりだします。春の訪れを感じさせてくれる真っ白な花からは、上品な香りが漂ってきそう。

Flower Crown
[野原の花冠]
How to make ▶ p.58

花をたくさんつけたり減らしたり、アレンジして自分だけの花冠をつくってみても。パーティの飾りつけや、プレゼントとして贈ったりしましょう。

Flame
[珊瑚のウォールフレーム]
How to make ▶ p.61

水引の基本技法のひとつ「枝巻き」を生かした作品。軸になるものに水引をくるくると巻きつけていきます。冷たい海の底できらめくサンゴを飾って、暑い夏に涼を演出。

Earing
[ビンテージボタンのイヤリング]
How to make ▶ p.72

大きめの梅結び(p.42)をすれば、ビンテージボタン風のイヤリングができあがり。本数が多いと大変な印象ですが、ざっくりとラフに結べばいいので、簡単です。

Obikazari
[通り雨の帯飾り]
How to make ▶ p.62

和装のアクセサリーといえば、帯飾り。帯の間にスッとさして、浴衣姿に華やぎをプラスして。雲のようにも見える花モチーフが、涼しげな印象を醸し出します。

Obidome
[花火の帯留め]
How to make ▶ p.64

夜空を彩る花火のような帯留め。短く切った水引を
ワイヤーでつなげてつくります。p.14「通り雨の帯
飾り」とセットでつけても。

Hair Ornament
[つぼみの髪飾り]
How to make ▶ p.66

左右と中央のつぼみはつくりかたをかえています。金属が見えないように、つぼみの間には連続あわび結び（p.46）をあしらい、どこから見ても美しい仕上がりに。浴衣はもちろん、洋装にも合います。

Hair Stick
[早乙女のかんざし]
How to make ▶ p.68

応用結び8枚の花びらをくるりと巻けば、夏の装いにぴったりの大輪の花が完成。花芯には連続あわび結び（p.46）を巻いているので、幾重にも花びらが重なってみえます。

Hair Stick
[金魚のかんざし]
How to make ▶ p.70

2本どりの松結び（p.49）に少し手を加えれば、水紋をつくりながら優雅に泳ぐ金魚に。髪にさせば、ゆらゆらと揺れるつくりになっています。

Flame
[チョコレートコスモスのウォールフレーム]
How to make ▶ p.73

秋のフレームにはチョコレートコスモスを。額から少し飛び出しているように配置して立体的に。風にそよぐような姿が、秋の訪れを感じさせてくれるでしょう。

Brooch
[黒猫のブローチ]
How to make ▶ p.75

ゆるく結んだ松結び（p.49）を引きしめて猫の形に。ひげの向きや鼻の形で、いろいろな表情にアレンジ。

Garland
[ハロウィンのガーランド]
How to make ▶ p.76

上品な色合いでつくったかぼちゃに黒猫、クロス、星をガーランドに。シックな色で大人っぽく。たくさんつくって自由につなげて。

Glass Marker
[ジャック・オ・ランタンのグラスマーカー]
How to make ▶ p.78

星とかぼちゃを飾ったグラスマーカー。キッチュな大人のパーティにぴったりです。長さの調節は、先につけた玉結びの留め具を移動させて。

Coaster
[星くずのコースター]
How to make ▶ p.80

抱きあわび結び（p.45）を何周かつくっていけば、いつの間にか星のコースターのできあがり。もう1周抱きあわび結びをつくれば、より大きくなります。

Swag
[木の実のスワッグ]
How to make ▶ p.81

スワッグとは、植物を束ねてつくる壁飾りのこと。ひとつにまとめるだけで簡単、水引なのでお手入れも不要。

Light
[スノードームのテーブルライト]
How to make ▶ p.85

あわび結び(p.38)を続けていくだけでドーム状になります。LEDのティーライトにかぶせて小さな明かりに。

Ornament
[聖夜のオーナメント]
How to make ▶ p.86

クリスマスツリーの飾りとしてはもちろん、インテリアとして室内に飾ってもおしゃれなオーナメント。タッセルはお好みのものでOKですが、シンプルなものがおすすめ。

Lamp
[ヤドリギのランプ]
How to make ▶ p.88

LEDライトを使ったランプ。クリスマスに
ヤドリギの下で大切な人とキスをすると、
親愛が深まるという言い伝えがあります。

Flame

[お正月のウォールフレーム]

How to make ▶ p.84

基本の結びとなるあわび結び(p.38)、平梅結び(p.43)、松結び(p.49)を少しアレンジするだけで、おめでたいお正月のフレームに。色や本数をかえてアレンジを楽しんで。

Decoration
[稲穂飾り]
How to make ▶ p.90

お正月飾りとして代表的なしめ飾りをモダンに工夫して、稲穂飾りに。シックな水引をつけてお正月のお祝いムードを高めてみましょう。

33

Flower Base
[升飾り]
How to make ▶ p.92

ますを囲うように水引を結んでいくアレンジ。すてきな器にあしらってもよし、お花を入れて飾ってもよし。飾りかたもアイデア次第で広がります。

Cutlery Rest
[福寄せのはし置き]
How to make ▶ p.94

p.14「通り雨の帯飾り」と同じ、あわび結び(p.38)の応用結び。アレンジで無限に水引の可能性が広がります。

水引

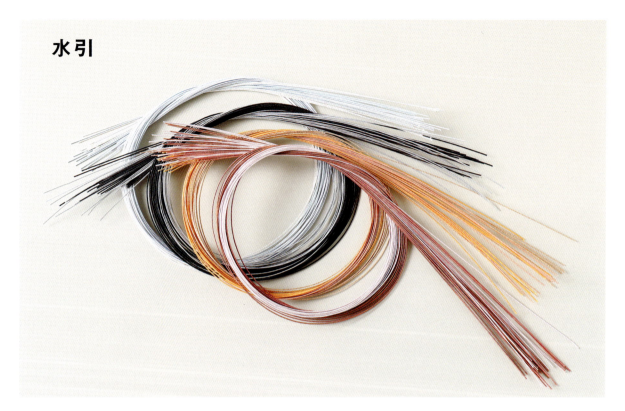

水引とは、和紙をこよりのように巻いてひも状にしたものに、のりを引いて固めたものです。直接着色するだけでなく、人工の絹糸やフィルムを巻いて、質感や色のバリエーション、光沢を出したものなどバリエーションもさまざま。モチーフやイメージに合わせ選びましょう。

使う前に

1
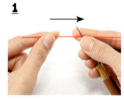
水引を必要な長さにカットしたら目打ちか指を水引に当て、ひっぱるようにしごく。
POINT まっすぐなまま残したい場合は、しごかずに残す。

2

自然な丸みが出るので、調節してから使う。
POINT 水引がやわらかくなり、扱いやすくなる。

水引のおもな購入先

水引素材ドットコム　https://mizuhikisozai.com
20筋単位から購入でき、種類も豊富です。本書では、おもにこちらで購入した水引を使用しています。

道具

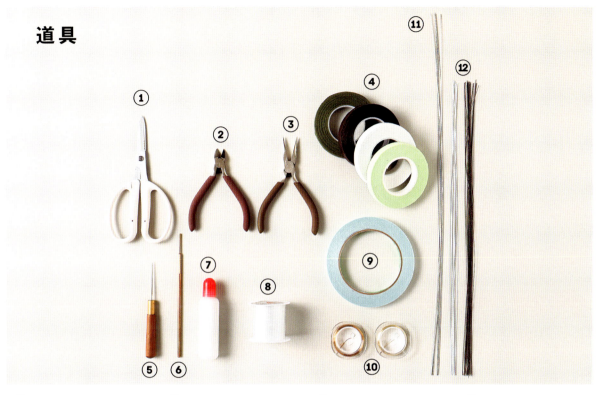

① はさみ
刃の根もとがギザギザしているフラワー用か、クラフト用はさみがおすすめ。

② ニッパー
ワイヤーを切るときに使います。

③ 平ペンチ
ワイヤーをひねってとめるときに使います。

④ フローラルテープ
本書では緑、茶、白、薄緑を使っています。

⑤ 目打ち
水引をしごいたり、水引の結び目を大きくするときに。

⑥ ちり棒
水引専用の道具。水引を巻きつけて、くるくるとコイル状にします。

⑦ 接着剤
水引をまとめたり固定するときは木工用、アクセサリーパーツや大きな水引の飾りをつけるときは多用途タイプの接着剤を使用。

⑧ テグス
水引をつるすときに使っています。

⑨ 両面テープ
おもに10mm幅を使っています。

⑩ ワイヤー（金）
水引をとめるときに使う細いワイヤーで、♯30を使い、場合により♯28も使用しています。外から見えないときに使います。

⑪ 裸ワイヤー
花用で、本書では軸にしたいときや強度が必要なときに使う太めのワイヤー。♯22を使用。長さは45cm。

⑫ 地巻ワイヤー
ワイヤーに色紙を巻いた、花用の細いワイヤーで、♯30を使い、場合により♯26、♯28も使用しています。外から見えるときに、作品に合わせて色を変更。長さは36cm。本書では白・茶・銀を使用。

Basic 1 あわび結び

あわじ結びとも呼ばれる、基本の結び方です。梅結びなどさまざまなアレンジのもとになります。

1本

3本

5本

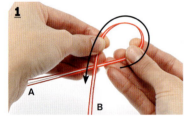

1

水引3本を、真ん中より少し右寄りに両手で持ち、**A**の上に輪をつくるように**B**を重ねる。

2

Aと**B**が交差したところを左手で持つ。

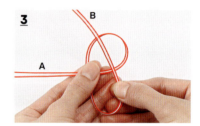

3

2の輪の上に**B**をのせて輪をつくる。
POINT **B**の束が、ねじれないよう整える。

4

交差したところを右手でおさえ、左手を離す。

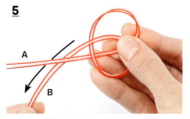

5

Bを**A**の下にする。

6

交差してできた三角形を小さくする。

7

6の三角形部分を左手で持ち、輪を上向きにする。**B**の先端を左手の親指のつけねにあてそろえる。

POINT 複数の水引を輪に通す前には、必ず先端をそろえる。

8
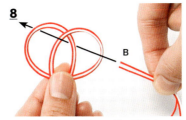

そろえた**B**を、ふたつの輪の間を上→下→上→下の順番で通す。

9
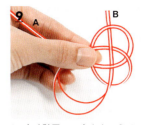

90度時計回りに向きをかえる。

10
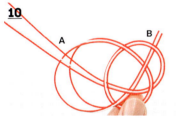

さらに45度時計回りに向きをかえ、**8**と天地が逆になるようにし、左手で持ちかえる。

11
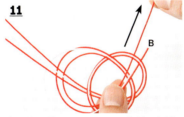

右の輪を引きしめる。**B**の内側の水引1本を斜め上に引く。

POINT 輪を引きしめるときは、束を一度に引かず1本ずつ順番にすると、きれいに仕上がる。

12

1本ずつ**11**と同様に引き、輪を引きしめる。反対の輪も同様にして完成。

整え方

あわび結びの形を小さくしたいときは、左右に一度引きしめてから、中心の輪を好みのサイズにします。

1
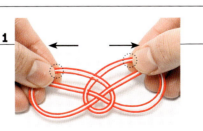

上の輪の両脇を上から持って左右に引くと中心の輪が小さくなる。

2

真ん中をおさえながら左右の水引を内側から1本ずつ斜め上へ引き、全体を小さくしていく。

Basic 2 結び切り

固く結ばれほどけないことから、一度きりでありたい慶弔用に用いられ、水引の原型ともいえます。

1
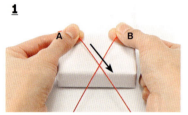

AをBの上にして交差させる。

2

Aの先端をBにくぐらせる。

3
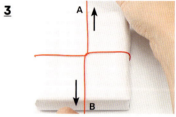

A、Bそれぞれを上下に引き、十字にする。

4
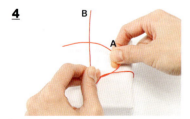

左手で交差部分をおさえながら、Aで輪をつくる。

5
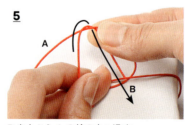

Bを上からAの輪の中へ通す。
POINT 通すときも、結び目を左手の指でおさえながら。

6
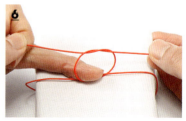

中心をおさえながら左右に引いて完成。

Basic 3・4 かたわな結び もろわな結び

片方だけ輪にするかたわな結びと、左右を輪にするもろわな結び（蝶結び）。どちらも基本の結びです。

かたわな結び　　　　もろわな結び

かたわな結び

1
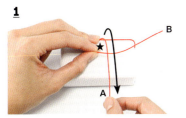

結び切り（p.40）の **1**～**3** 同様に十字をつくる。**B** の先端を右に向ける。**A** を手前に下げて、**B** の上に重ねる。

2
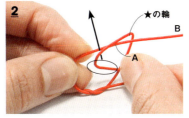

左手で交差部分をおさえながら、**1** でつくった輪（★部分）に、**A** を右手の親指で押し込むようにして少しくぐらせる。

3
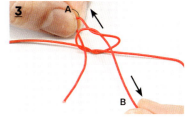

写真のように **A** をつまみ、**B** の先端を下に引いていくと、結び目が締まり片輪が結ばれる。
POINT 真ん中の輪の大きさを調節しながら結ぶ。

もろわな結び

1
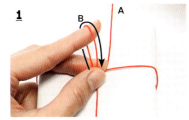

結び切り（p.40）の **1**～**3** 同様にし、**B** を指に引っかけ輪をつくる。
POINT 中央の交差部分は指でおさえておく。

2
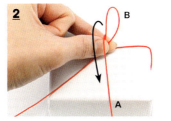

1 の輪の根元に上から **A** を手前にもってくる。

3
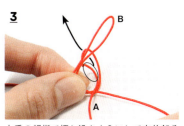

右手の親指で押し込むようにして交差部分の輪へ、**A** を輪にして入れる。左右ふたつの輪を両手で引き、蝶の形にして完成。
POINT 中央の交差部分は指でおさえておく。

Basic 5 梅結び

あわび結び（p.38）のアレンジで、結び目が5枚の花びらに見える愛らしい結び方。本数を増やすと豪華です。

1本

3本

5本

1

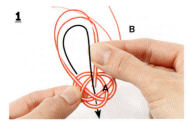

あわび結び（p.38）をつくる。**A**の先端をそろえ、中央の輪に通す。

2

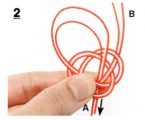

Aを内側から1本ずつ引き、輪を引きしめる。

3

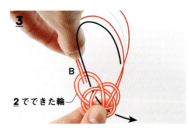

Bの先端をそろえ、**2**でできた輪に通す。
POINT 交差部分は指でおさえておく。

4

Bを内側から1本ずつ引いていき、輪を引きしめる。
POINT 交差部分は指でおさえておく。

5

好みの大きさに調節する。

6

裏返して天地を逆にし、**A**と**B**を交差させワイヤーを2周巻き、ひっぱりながら1回ひねる。余分をカットして完成。
POINT ワイヤーをひねるときは1回だけ。2回以上ひねると切れやすいので注意。

Basic 6 平梅結び

あわび結び（p.38）の左右の水引を、輪からはずして結びます。

1本

3本

5本

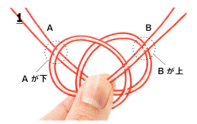

1 あわび結び（p.38）をつくる。Aを輪の下、Bを輪の上にする。

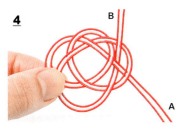

4 90度時計回りに向きをかえる。

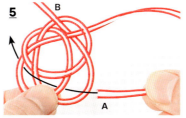

5 Aの先端をそろえ、上→下→上→下の順で下の輪の間に通していく。

6 Aを内側から1本ずつ引き、輪を引きしめて完成。

2 Bの先端をそろえ、上→下→上の順で左側の輪の間に通していく。

3 Bを内側から1本ずつ引き、輪を引きしめる。

立体梅結び

立体的な梅をつくるときに用いる結び方。花びらの数をかえて、梅以外にアレンジすることもできます。

1本

1

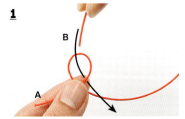

Aを短く持ち、Bが上になるように輪をつくる。Bの先端を輪に通し、同じサイズの輪をもうひとつつくる。

2

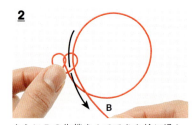

さらにBの先端を**1**でできた輪に通し、輪を増やす。
POINT 輪を増やすごとに根もとは指でしっかりおさえる。

3

1～**2**を繰り返し、輪を4つつくる。

4

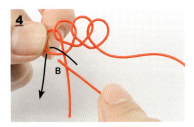

Bの先端を最初のひとつ目の上から通す。

5

Bの先端を4つ目の輪へ持っていき、上から通し真ん中まで持っていく。

6

Bの先端を、真ん中のすき間に上から通して引き、5つ目の輪をつくる。形を整えて完成。

Basic 8 抱きあわび結び

2本または2組の水引を抱き合わせるようにして結ぶ、あわび結び（p.38）のアレンジです。

2本(1本＋1本)（※工程は30cm×2本）

6本(3本＋3本)

10本(5本＋5本)

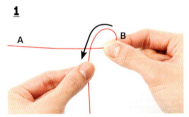

1 水引1本を持ち、BがAの上になるように交差させる。

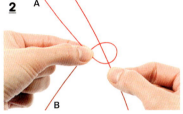

2 1でつくった輪の根元を持ち、2本目の水引を輪の上に置く。

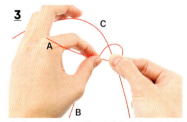

3 右手で2本目の水引の交差部分をおさえながら、左手でCをたぐり寄せる。

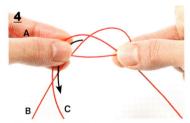

4 左手で**2**、右手で**3**でおさえた部分を持ったまま、CをAの下→Bの上の順に通す。

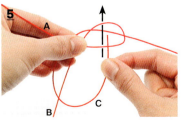

5 Cの先端を写真のように下→上→下と輪に通す。

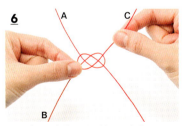

6 Cを引き、全体の形を整えて完成。

Basic 9 連続あわび結び

あわび結び（p.38）を複数つなげ、連続させる結び方です。形をきれいにそろえるのがコツです。

1本

3本

5本

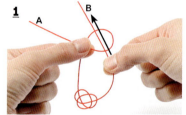

1 あわび結び（p.38）をつくる。**A**の先端が下にくるように輪をつくり、その上に**B**を重ねる。

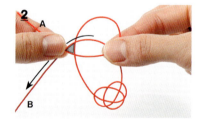

2 **A**の下に**B**がくるように交差させる。交差してできた三角が小さくなるように引きしめ、左手でおさえる。

3 90度反時計回りに向きをかえる。

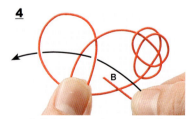

4 **B**の先端を上→下→上→下の順で輪の間に通していく。

5 ひとつ目のあわび結びを90度時計回りに向きをかえ、**B**を斜め上に引いて輪を引きしめる。

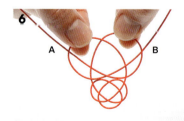

6 再度、90度時計回りに向きをかえ、**A**を左斜め上に引いて輪を引きしめる。ふたつのあわび結びが均等になるように形を整えて完成。

Basic 10 玉結び

あわび結び（p.38）からスタートし、水引を結び目に通し球体にします。ループがきれいな結び方です。

1本

1
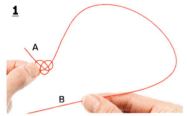

右側を長く残して小さいあわび結び（p.38）を端につくる。
POINT 1.5cmくらいの大きさがつくりやすい。

2

Bをふたつの輪の間に上→下→上の順で通して引き、すべての輪を均等の大きさにする。

3

指にかぶせて指先ですぼめながら整え、丸みをつける。Bを通した部分（★）の反対側（☆）を正面に持ってくる。

4
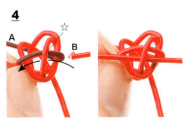

3を90度時計まわりに向きをかえ、球状にする。Aに沿わせ☆の下を通り、Bを通していく。
POINT 強く引くと形が崩れるので注意。

5

目打ちですき間をつくりながら同様にして、沿わせながらBを繰り返し通していく。
POINT 水引がよじれて重ならないよう注意。

6

球体ができたらBの余分を切り、先端を目打ちであけたすき間に入れ込んで完成。
POINT Aは、結び始めの穴に入れる。

Basic —11— 亀の子結び

亀の甲羅のような結びで、一般的な水引細工では亀のほか鶴の背中にも使えます。スタートは平梅結び（p.43）と同じです。

1本

3本

5本

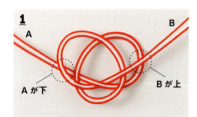

1
あわび結び（p.38）をつくりAを輪からひとつ抜き、Bを輪からひとつ抜く。Aが輪の下、Bが輪の上にくる。

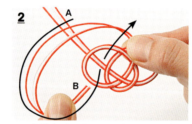

2
Bの先端をそろえ、Aの上をわたり上→下→上→上の順で左側の輪の間に通していく。

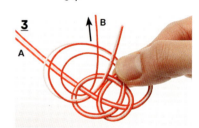

3
Bを内側から1本ずつ引き、輪を引きしめる。

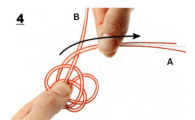

4
輪を整えたらAをBの上に持っていく。

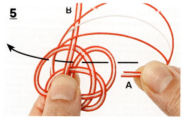

5
Aの先端を、下→上→下→上→下→上の順で輪の間に通していく。

6
Aを内側から1本ずつ引いていき、輪を引きしめて完成。

Basic 12 松結び

松の形をした結び方。一見難しく見えますが、あわび結び（p.38）を延長させていくイメージです。

1本

3本

5本

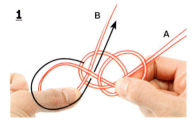

1 あわび結び（p.38）をつくる。**B**の先端が輪の下にくるように、反時計回りにまわして輪をつくり、交差部分をあわび結びの上にする。

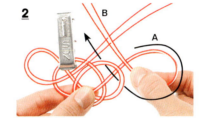
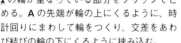

2 **1**の輪が重なっている部分をクリップでとめる。**A**の先端が輪の上にくるように、時計回りにまわして輪をつくり、交差をあわび結びの輪の下にくるように挟み込む。
POINT **A**は**B**の上にくるように交差させる。

3 **1**のクリップを外し、**2**の輪が重なっている部分をクリップでとめる。**A**の先端をそろえ、下→上→下→上の順で、**1**でつくった輪の間に通していく。

4 **A**を内側から1本ずつ引き、輪を引きしめる。

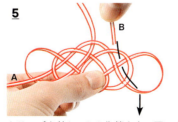

5 クリップを外し、**B**の先端を上→下→上→下の順で、写真のように右側の輪に通していく。

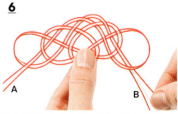

6 **B**を内側から1本ずつ引き、輪を引きしめ形を整えて完成。

P.4

Flame
[かぶとのウォールフレーム]

かぶと…縦約6cm×横約7cm

材料

緒……………… 30cm水引×1本（赤茶）
かぶと上部…… 30cm水引×4本（紺）
かぶと本体…… 45cm水引×4本（紺）
接続用………… 8cm水引×1本（紺）

ウォールフレーム……好みの大きさ1個
マスキングテープ、接着剤

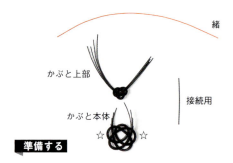

準備する

かぶと上部は4本どりであわび結び（p.38）に、かぶと本体は4本どりで平梅結び（p.43）にする。平梅結びはゆるく結ぶ。

1

かぶと本体の左右の輪（「準備する」の☆マーク参照）を広げ、その他の3つの輪をしめる。天地を逆にし、左右の輪がかぶとに見えるよう4か所に角をつける。
POINT 角をつけるときは3本一度に角をつくり、つくった山を平面に整える。

2

かぶと本体とかぶと上部を表にして置く。ふたつを合わせ、○印のところに接続用を通す。

3

通した接続用を結び切り（p.40）にし、固定する。

4

かぶとの左右の輪に緒の水引を通し、もろわな結び（p.41）で結ぶ。緒の先端をひとつ結びにし、余分をカットする。

5

水引を水平に整え、表からマスキングテープを4か所にはる。
POINT 水引がばらばらにならないように、マスキングテープで仮どめする。

6

5を裏返し、マスキングテープをはったところに接着剤をつける。乾いたらマスキングテープをはがし、先端を切りそろえてフレームの中央にはる。

Flame
[おひなさまのウォールフレーム]

男びな…約 5cm角
女びな…縦約 3.5 ×横約 4.5cm

材料
胴体………… 30cm水引×4本（ピンク）
女びな頭…… 15cm水引×1本（ピンク）
男びな頭…… 15cm水引×1本（ピンク）
衣装………… 20cm水引×6本（ピンク）
扇・しゃく…… 厚紙適量

ウォールフレーム…… 好みの大きさ1個
地巻ワイヤー（白）、接着剤

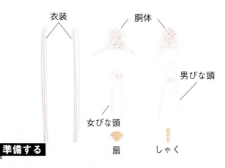

準備する
男びな頭はあわび結び（p.38）、女びな頭は花びら3枚の立体梅結び（p.44）。胴体は、2本どりで連続あわび結び（p.46）を2個つくる。

1

男びなをつくる。胴体に男びな頭の先端を差し、余分をカットする。

2

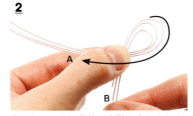

衣装をつくる。衣装の水引3本をまとめ、Bの上にAがくるように輪をつくる。内側から2本ずつ、1本ずつと引きしめ、輪の大きさに変化をつける。
POINT 衣装の輪は本体とのバランスをみて。

3

反対側も同様に輪をつくってBの上に交差させる。2同様に引きしめて変化をつけたら、真ん中をワイヤー（白）でとめる。

4

3の上に1を重ねる。

5

4の○印のところに表からワイヤー（白）を2周通し、裏でとめる。
POINT ワイヤーがはずれないようにできれば、上記以外の水引の交差部分でもOK。

6

衣装の先端の余分をきれいにそろえてカットし、しゃくを接着剤ではる。女びなも同様に1～6までつくり最後に扇を接着剤ではる。フレームの中央にはる。

Glass Marker

[フラミンゴのグラスマーカー]

縦約 8.5cm×横約 4cm

材 料

胴体・クリップ…	各30cm水引×3本（ピンク）
くちばし………	7cm水引×1本（黒）、 7cm地巻ワイヤー（白・#26）×1本
首………………	70cm水引×1本（ピンク）
足………………	15cm水引×1本（金）
接続用…………	8cm水引×1本（ピンク）

ワイヤー（金）、地巻ワイヤー（白）

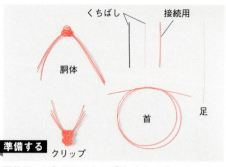

準備する

胴体は、3本どりであわび結び（p.38）にし、上の輪は段差をつける。クリップは、3本どりで連続あわび結び（p.46）にする。

1

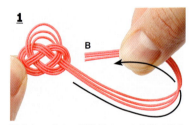

胴体をつくる。胴体用の**B**の先端で輪をつくる。
POINT 輪の途中にねじれができるようにする。

2

羽根の大きさを決めたら、**B**を半分ひねりながら後ろにまわす。内側から1本ずつ引き、輪の大きさに変化をつける。

3

交差部分をワイヤー（金）でとめる。
POINT ワイヤーは、表から見えないように裏からぐっと引き、水引の後ろに入れ込んで隠す。

4

Bの先端を、根もとからカットする。

5

首をつくる。もう片方の先端3本のうち1本を5cm程度に、残り2本は短く段々にカットする。

6

枝巻きをする。**5**に、くちばしの水引（黒）とワイヤー（白・#26）をそろえて合わせる。
POINT 枝巻きとは水引の技法のことで、枝や首などをつくるときに使う。

7
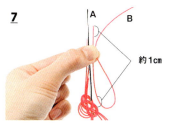
首の水引を、**5**でカットした5cm程度の部分よりも1cm程度長めに出して持ち、下も1cm程度長めに出して輪にし、上へ折り返す。

8
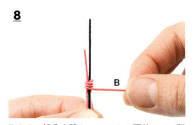
7の1cm部分を残し、**B**で**5**の胴体の5cm程度1本と、くちばしの水引（黒）とワイヤー（白）と一緒に2〜3回巻く。その後は、水引ではなく本体のほうをまわしながら下まで巻く。**5**の残り2本も巻き込んでいく。

9
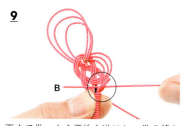
下まで巻いたら天地を逆にし、巻き終わり部分にある輪に**B**を通す。

POINT 巻くときは力を入れすぎないように。

10
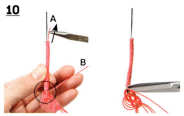
もう一度天地を逆にする。**B**を指でおさえながら**A**を引くと、下の輪が中へ入り見えなくなる。上下の水引の余分をカットする。

11

足をつくる。足を写真のように折り、交差した部分に長いほうを通してひとつ結びにし、余分をカットする。**10**の裏のとめやすい交差部分にワイヤー（金）でとめて隠す。

12

クリップの左右の先端を交差させたらワイヤー（金）でとめ、余分をカットする。

13

11の裏に**12**を重ね、交差した部分に接続用を結び切り（p.40）でとめ余分をカットし、全体の形を整える。

arrange

つくりかたは同様です。

ラベンダー　サーモンピンク　黄色　オレンジ

53

Napkin Ring
[花づくしのナプキンリング]

縦約 10cm×横約 12cm

材 料

花‥‥‥‥‥‥ 20cm水引×6本
（ラベンダー・ピンク・サーモン各2本ずつ）
花芯‥‥‥‥‥ 10cm水引×3本（金）
リング‥‥‥‥ 90cm水引×3本（ベージュ）

ワイヤー（金）、接着剤

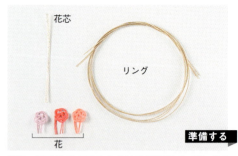

準備する

花は、同じ色の水引2本どりで梅結び（p.42）を3個つくる。花芯は水引3本を平らに並べ、表面にマスキングテープをはり、裏面に接着剤をつけて固める。固まったらマスキングテープをはがす。

1

3等分にカットした花芯を、花の真ん中に差し込む。

2

花と花芯の根もとをワイヤー（金）でとめる。

3

花、花芯、ワイヤーの余分をカットする。
1～3と同様にあと2個つくる。

4

リング用をまとめて手に持ち、真ん中あたりで輪をつくる。
POINT ラフにまとめる。

5

Aを反時計回りにひねり、輪をもうひとつつくる。真ん中をおさえる。

6

5でつくった輪を上に折り上げる。

7

Aを後ろに倒して右へ折り、**6**の折り上げた輪に通す。

8

輪に通したAを左へ折る。真ん中にできた口の字の結び目に目打ちで通し穴を広げる。

9

Aの先端をそろえ、**8**で広げた穴に通し、上の輪にも通して左に輪をつくる。

10

左の輪の大きさを決めたら、Aを後ろに倒して口の字をつくる。

11

裏返して天地を逆にする。Aの先端を結び目の下から上に通し引きしめて、十字をつくる。

12

表にし、口の字がくずれないよう真ん中に接着剤をつける。

13

バランスをみながらAに**3**の花を差す。

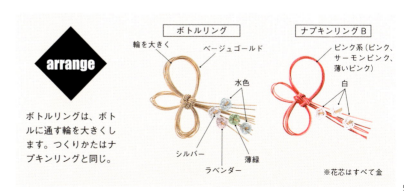

ボトルリングは、ボトルに通す輪を大きくします。つくりかたはナプキンリングと同じ。

ボトルリング：輪を大きく／ベージュゴールド／水色／シルバー／薄緑／ラベンダー

ナプキンリングB：ピンク系（ピンク、サーモンピンク、薄いピンク）／白

※花芯はすべて金

Brooch
[木蓮のブローチ]

縦約 8cm×横約 5cm

材料

花内側	30cm水引×12本（白）
花外側	40cm水引×18本（白）
ガク	45cm水引×3本（こげ茶）
茎	45cm水引×1本（こげ茶）
花芯	6cm水引×6本（金）
	5cm水引×9本（金）

ブローチ金具… 1個
土台…1個（横 2cm×縦 1.5cm、フェルト・白）
地巻ワイヤー（白／#28・#30、茶）、両面テープ、フローラルテープ（白、茶）、接着剤

準備する

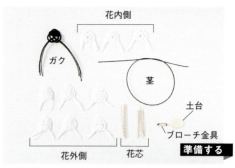

花内側は、4本どりであわび結び（p.38）を3個。ガクは、3本どりで亀の子結び（p.48）を1個。花外側は、3本どりで亀の子結び（p.48）を6個つくる。

1

花芯をつくる。花芯用をすべてふたつ折りにする。6cmのほうをすべてまとめ、ワイヤー（白）でとめ余分をカットする。

2
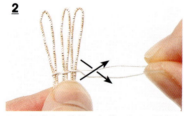
5cmのほうは、連続つなぎにする。下部を1cm程度残してワイヤー（白）で挟みワイヤーを交差させ平ペンチで押さえ、固定する。同様にして9本つなげる。
POINT 水引は重ならないように。

3

ワイヤーにかぶせるように両面テープをはり、1に巻きつける。余分のワイヤーは2本を逆方向に一周巻き、2本をひねってとめ、カットする。

4

花内側の先端を交差させワイヤー（白）でとめ、先端の余分とともにカットする。残り2個も同様につくる。
POINT 指で丸みをつけ、上部をとがらせる。

5

3個できたら交差させた部分の穴に、ワイヤー（白・#28）を通す。
POINT ワイヤーは#28とやや太めのほうがよい。

6

5の真ん中に3を置き、花びらで花芯を囲むように巻いていく。巻き終わったらワイヤー（白・#28）で全体をもう半周巻き、とめる。3の下部の余分をカットする。

7

花外側4個も **4**〜**5**と同様に形を整え、つなげる。

8

6の下部に両面テープを貼り、**7**でおおうようにして巻いていく。**7**で通したワイヤー（白・#28）で根元部分に絡ませながらまとめ、とめる。

9

花外側の残り2枚も、**4**〜**5**と同様にする。**8**にバランスを見て巻き、根もとを通したワイヤー（白・#28）で**8**のように水引に絡ませながらとめ、上からフローラルテープ（白）を巻く。

10

ガクをつくる。ガクの中心を指で押し込み丸みをつけ、水引を1本ずつ引いて引きしめる。

11

目打ちで**10**の真ん中に穴をつくる。

12

水引の先端をそろえ、一方を内側から**11**の穴へ通し、もう一方は　側面に一度通してから**11**の穴へ通す。

13

形を整えたら根もとをワイヤー（茶）でとめ余分をカットする。ワイヤーを隠すようにフローラルテープ（茶）を巻く。

14

枝巻き（「P.52「フラミンゴのグラスマーカー」**6**〜**10**」）を2cm程度して、茎をつくる。**11**の穴から1cm程度先端を出してから巻いていく。

15

14に接着剤をつけ**9**を固定する。土台にとブローチ金具に接着剤をつけ、写真のようにはる。

Flower Crown
[野原の花冠]

直径約 21cm

材 料　（すべて1個分）

カモミール
　花びら………　30cm水引×1本（白）
　花芯…………　30cm水引×1本（黄）

白い実
　茎……10cm水引、5cm水引各1本（薄緑）
　実…………　30cm水引×3本（白）

リーフ
　大…15cm水引×1本（銀）、15cm水引×3本（薄緑）
　小…10cm水引×1本（銀）、10cm水引×3本（薄緑）

アイビー
　大……………　20cm水引×1本（白）、
　　　　　　　　　20cm水引×1本（薄緑）
　小……………　15cm水引×1本（薄緑）
　ツル…………　10cm水引×1本（白）

白い花
　花びら………　13cm水引×5本（白）
　花芯…………　25cm水引×1本（白）
　葉……………　20cm×2本（薄緑）

冠………………　90cm×12本（薄緑）

リボン…………　お好みのもの
ワイヤー（金）、地巻ワイヤー（白／#28・#30）、
フローラルテープ（緑、白）、接着剤

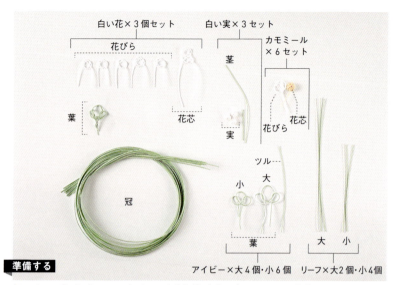

準備する

【カモミール】花びらは、1本どりで立体梅結び（p.44）にし1個、花芯は1本どりで玉結び（p.47）にし先端を1本残したものを1個つくる。これを6セットつくる。【白い実】実は、1本どりで玉結び（p.47）にしたものを3個つくる。【アイビー】葉は、大は白と薄緑の2本どりで、小は薄緑の1本どりで3枚花びらの立体梅結び（P.44）をつくる。これを大4個、小6個つくる。【白い花】花びらは、1本どりであわび結び（p.38）にし5個。葉は、2本どりで3枚花びらの立体梅結び（p.44）にし1個。花芯は、1本どりで連続あわび結び（p.46）にし1個つくる。これを3セットつくる。

1

カモミールをつくる。花びらの真ん中に花芯を差し込み、根もとをワイヤー（白）でとめる。これを6セットつくる。

2
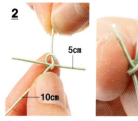

白い実をつくる。茎10cmを上部でひと結びし、結び目に茎5cmを横に差し結び目をしめる。通した茎の左右を上に折る。

3

実に接着剤をつけ、**2**の先端に差す。これを3セットつくる。

4

リーフ・小をつくる。葉10cm4本（銀・薄緑）は銀を外側にしてまとめ、真ん中からふたつ折りにして交差させ、とめる。これを大2個・小4個つくる。

5

アイビーをつくる。ちり棒の先にツルを差し込み、一度折り曲げてからくるくる巻いていく。ちり棒から外してラフにのばす。
POINT 目打ちでもOK。

6

アイビー・大と小の葉を**5**と合わせてワイヤー（金）でとめる。これを4セットつくる。アイビー（小）も同様にし、2セットつくる。

7

白い花をつくる。花芯の下の先端を連続あわび結びの一番上の穴に差し込み丸く整える。

8

7に花びら2枚を少し重ねて沿わせ、ワイヤー（金）でとめる。

9

花びらの残り3枚も同様に、花芯を包むようにバランスを見て沿わせワイヤー（金）でとめる。2本を残し、あとの余分はカットする。

10

9の根もとにワイヤー（白・#28）10cm程度を横から差し込み、下へ折る。
POINT 太めのワイヤーを使うと、あとで花の向きをかえやすい。

11

10で折ったワイヤー（白・#28）を茎部分に巻きつけ、**10**と葉を合わせワイヤー（金）でとめる。これを3個つくる。

12

すべてのパーツの根もとから茎部分にフローラルテープ（薄緑）を巻く。

POINT フローラルテープはしっかり伸ばして、斜め下に向かって巻くときれいに仕上がる。

13 冠用

すべてのパーツの下を斜めにカットする。冠に沿わせてワイヤー（金）でとめ、フローラルテープ（薄緑）を巻き、ワイヤーを隠す。

POINT 斜めにカットすると、つけやすくなる。

14

すべてのパーツを冠の水引4本に、バランスをみてそれぞれをつけていく。

15

14の1本と、飾りのついていない冠の水引2本をワンセットにする。これを4セットつくり、先端をゴムでまとめる。

POINT この時点ではまだ仮どめ。

16

四つ編みをする（下記参照）。

POINT 仮どめした部分をマスキングテープなどで固定するとよい。

17

仮どめのゴムをはずす。両端をワイヤー（白）でとめ約1cm残してカットする。リボンで先端をくるみ、上からワイヤー（白・#28）でとめる。ワイヤーを隠すようにフローラルテープ（白）を巻く。

四つ編み

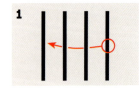

1

右端を、左2本の下にくぐらせる。

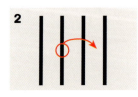

2

1で移動した1本を、右隣にある1本の上をわたして右に戻す。

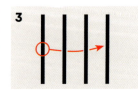

3

左端を、右2本の下にくぐらせる。

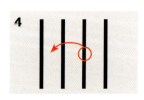

4

3で移動した1本を、左隣にある1本の上をわたして左に戻す。これを繰り返す。

┤ P.12 ├

Flame
[珊瑚のウォールフレーム]

サンゴ（大）…縦約 8cm×横約 9cm
サンゴ（小）…縦約 6cm×横約 7cm

材料

サンゴ
大……………… 90cm水引×6本（銀）
小……………… 90cm水引×5本（青）
裸ワイヤー……… 45cm×2本

ウォールフレーム… 好みの大きさ1個
フローラルテープ（白）、地巻ワイヤー（白）、
接着剤

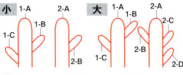

準備する

それぞれを接続用、①枝巻き、②芯、③軸に切る。

大は 1-A ① 90cm ② 22cm ③ 8cm、1-B ① 45cm ② 15cm ③ 3cm、1-C ① 50cm ② 22cm ③ 8cm、2-A ① 90cm ② 22cm ③ 8cm、2-B・C ① 45cm ② 15cm ③ 4cm、2-D は ① 60cm ② 22cm ③ 8cm。小は 1-A ①と 2-A ① 60cm ② 20cm ③ 5cm、1-B ① 45cm ② 15cm ③ 3cm、2-B ① 45cm ② 15cm ③ 5cm、1-C ① 45cm ② 15cm ③ 5cmに。接続用は大小それぞれ 30cm でカットする。

1
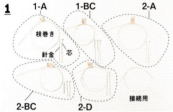

サンゴ・大の水引それぞれ芯の中央でふたつ折りにし、輪のほうをひと結びする。

2
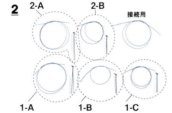

サンゴ・小の水引それぞれ芯の中央でふたつ折りにし、輪のほうをひと結びする。

3

大をつくる。芯（1-A）と軸（8cm）を合わせてフローラルテープ（白）を全体に巻く。1-B、1-C も同様に芯と軸をフローラルテープで巻く。

4

枝巻き用で **3** の 1-B、1-C に枝巻き（p.52「フラミンゴのグラスマーカー」**6**〜**10**参照）をする。枝巻きは最後まで巻かず、1cm程度残しておく。

5

3 の 1-A に、**4** の 1-B と 1-C をずらしてワイヤー（白）でとめ、1-A に下は 2cm程度残して枝巻きをする。

6

2-A〜D 用も **3**〜**5** 同様につくり 1-A〜C 用と合わせワイヤー（白）でとめ、枝巻きをする。大は完成。小も同様につくりフレームに接着剤ではる。

Obikazari
[通り雨の帯飾り]

縦約3cm×横約4.5cm（水引部分）

材料

枝巻き………… 15cm水引×1本（金）
帯飾り………… 45cm水引×3本（グレー）
ペップ………… 4本（グレー）

丸カン………… 2個（大・小）
根付プレート… 1個
チェーン……… 好みの長さ
ワイヤー（金）、地巻ワイヤー（白）

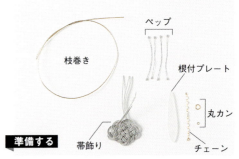

準備する

帯飾りは、3本どりでp.94「福寄せのはし置き」の応用結びにする。

1

花芯をつくる。ペップを半分に切ってまとめ、ワイヤー（白）でとめる。

2

帯飾りの真ん中に**1**を差し込み、表から写真のようにワイヤー（白）を差し込む。

3

裏からワイヤー（白）でとめる。
POINT ワイヤー（白）は表から見えないように、水引の下へ入れ込む。

4

ペップの先端をカットする。

5

帯飾りの先端の1本を輪にし、残りの5本といっしょに根もとをワイヤー（金）でとめる。
POINT 輪にする水引はどれでもOK。

6

輪以外をまとめてカットする。

7

1cm程度

枝巻き用の水引で、枝巻き（p.52「フラミンゴのグラスマーカー」**6**〜**10**参照）をする。**6**の輪よりも1cm程度長く出し、下で1cm程度の輪をつくって上へ折り返し、巻いていく。

8

下まで巻いたら、巻き終わり部分にできた輪に通す。

9

上で出した1cm部分を引くと下の輪が中へ入り見えなくなる。

10

カット

上下の水引の余分をカットする。

11

10とチェーンを丸カン・小でつなぎ、さらにチェーンと根付プレートを丸カン・大でつなぐ。

arrange

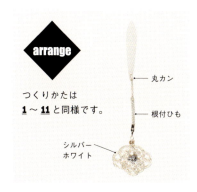

つくりかたは **1**〜**11** と同様です。

丸カン
根付ひも
シルバーホワイト

丸カンの開閉

丸カンの開閉は、2つの平ペンチを使います。左右からひっぱって開こうとすると、形がかわったり閉じなかったりするので注意しましょう。

1

丸カンを開くときは、前後に動かすこと。

2

丸カンを閉じるときも **1** 同様に、前後に動かす。

Obidome
[花火の帯留め]

材料

花びら………… 90cm水引×5本（白）
ペップ………… 10本（グレー）
三つ編み用…… 15cm水引×6本

帯留め金具…… 1個
地巻ワイヤー（白）、
フローラルテープ（白）、両面テープ、
接着剤

直径約3.5cm

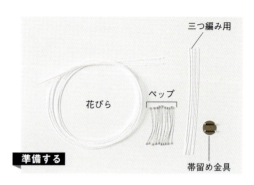

準備する

1

花芯をつくる。ペップをすべて半分に切ってまとめ、根もとをワイヤー（白）でとめる。根もとに接着剤をつけて固定する。

2

花びらをつくる。花びら用を4cm×17本（水引約1本分）、4.5cm×80本にカットする（水引4本分）。

3

2をすべて半分に折り、4cm×17本のほうをワイヤー（白）で連続つなぎ（p.56「木蓮のブローチ」**2**～**3**参照）でつなげる。最後までつないだら、4.5cm×80本をつなげる。

4

ワイヤーが足りなくなったら、もう1本つぎ足す。いちばん最後の半分に折った水引に、つぎ足すワイヤー（白）を通してつなぐ。

5

すべてをつなげたらつなぎ始めを左にし、ワイヤーの上から両面テープをはる。

6

1をつなぎ始めの位置に置く。**1**とともに花びらの下部5mm程度をカットし、巻いていく。

POINT 最初のほうの花びら10本程度を外に反らせておくと、巻きやすい。

7

6を巻く。巻き終えたら、余分のワイヤー2本を逆方向に回す。途中の水引にからませながら1周したらワイヤー（白）でとめ余分をカットする。

8

三つ編みをする。巻き始めをワイヤーで仮留し、三つ編み用を2本どりにする。編み終えたらワイヤー（白）でとめ余分をカットする。

9

7のワイヤー（白）を隠すようにフローラルテープ（白）を巻く。

POINT フローラルテープの幅に合わせて細くカットする。

10

8を花の下に巻き、サイズに合わせて長さを決める。長さに合わせて巻きはじめのワイヤーをはずして三つ編みをほどく。

POINT このあと**11**で先端を内側に入れ込むので少し余裕をもたせる。

11
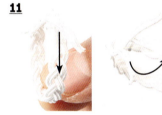

ほどいた水引の真ん中を、もう一方の端の編み目に差してつなげる。左右は裏へまわす。

12

ワイヤー（白）でとめ余分をカットする。

13

9に**12**をはめ、接着剤で固定。花びらを開いて整える。

14

帯留め金具に接着剤をつけ、**13**につける。

arrange

つくりかたは**1**～**14**と同様です。

Hair Ornament
[つぼみの髪飾り]

縦約2cm×横約6cm（水引部分）

材料

つぼみ1
内側の花びら… 15cm水引×3本（やまぶき）
外側の花びら… 45cm水引×3本（やまぶき）
花芯………… 45cm水引×1本（やまぶき）

つぼみ2
内側の花びら… 30cm水引×1本（金）
外側の花びら… 45cm水引×3本（金）
花芯………… 7cm水引×9本（金）

土台………… 45cm水引×1本（やまぶき）
コーム………… 1個
ワイヤー（金）、接着剤

準備する

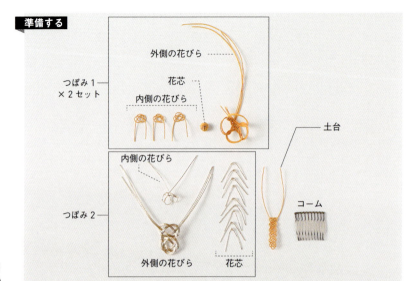

【つぼみ1】内側の花びらは、あわび結び（p.38）で3個。外側の花びらは、3本どりで立体梅結び（p.44）。花芯は玉結び（p.47）にする。立体梅結びの花びらは4枚でつくる。これを2セットつくる。【つぼみ2】内側の花びらは、立体梅結び（p.44）に、外側の花びらは、3本どりで連続あわび結び（p.46）で2個つくる。花芯はひと結びにし、9個つくる。土台は、コームの幅に合わせて連続あわび結び（p.46）にする。

1

つぼみ1をつくる。外側の花びらを引きしめ小さくする。底部の先端が交差する部分をワイヤー（金）でとめる。

POINT ワイヤーが髪にひっかからないように、ワイヤーの先端は内側に入れ込む。

2

交差した先端の左右を、片方ずつすき間に通して内側に入れる。つぼみの高さに合わせて余分をカットする。

3

内側の花びらを3つ合わせて形を整え、できるだけ根もとでワイヤー（金）でとめて余分をカットする。

POINT 花の形に整えるときは、3本の指でつまむようにするとよい。

4

接着剤をつけて花芯、**3**、**2** の順に重ねる。これでつぼみ1は完成。**1**～**4** 同様につぼみをもう1個つくる。

5

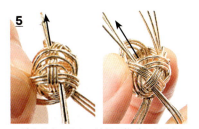

つぼみ2をつくる。外側の花びらを引きしめ、丸みをつけて小さくする。左右の先端を、片方ずつすき間に外から内側へ通して出す。底部分の水引と交差した水引をワイヤー（金）でとめる。

6

つぼみの高さに合わせて余分をカットする。

7

内側の花びらを引きしめ小さくする。先端は、底部分で水引をまとめてワイヤー（金）でとめ余分をカットする。

8

花芯を束にしてまとめ、ワイヤー（金）でとめ余分をカットする。
POINT 余分をカットするときは、**6** の高さに合わせる。

9

6 に接着剤をつけ、**7** を入れる。

10

8 に接着剤をつけ、**9** の中に入れる。これでつぼみ2は完成。

11

先端をカットした土台に接着剤をつけ、コームにはる。ワイヤー（金）で3か所とめる。
POINT ワイヤーは髪にひっかからないように表でとめる。

12

4 と **10** に接着剤をつけ、写真のように固定させる。

Hair Stick
[早乙女のかんざし]

材料
花びら……………… 45cm水引×24本（橙）
花芯の中心………… 6cm水引×20本（金）
花芯の外側………… 45cm水引×4本（金）
ガク………………… 30cm水引×4本（こげ茶）

かんざし金具… 1個
ワイヤー（金／#28・#30）、
地巻ワイヤー（茶）、接着剤

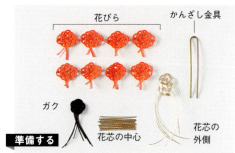

準備する
ガクは、4本どりで梅結び（p.42）に、花芯の外側は、4本どりで連続あわび結び（p.46）に、花びらは、3本どりでの応用結び（p.94「福寄せのはし置き」参照）にし8個つくる。

直径約5cm（水引部分）

1

花芯をつくる。花芯の中心をすべてふたつ折りにし、輪を上にしてまとめる。真ん中より少し下をワイヤー（金）でとめる。

2

花芯の内側の中心を指で押し込み丸みをつけ、先端を引いて引きしめる。

3

花芯の外側の左右の端を、連続あわび結びのスタート部分に通し、交差させる。
POINT 平らにそろえる。

4

通した先端を引き、丸みをつけたら交差部分をワイヤー（金）でとめて、余分をカットする。

5

1の下を**4**の高さに合わせてカットし、接着剤をつけた**4**に入れる。これで花芯は完成。

6

花をつくる。花びら8枚すべてに、指で丸みをつける。

7

花びらを、連続つなぎでつなげる。ワイヤー（金・#28）を交差させたら、1回ひねる。水引ごと平ペンチでつぶしたら、次の花びらをつなげる。
POINT 本数が多いときは毎回ワイヤーをひねって、強度を高める。

8

7をくり返す。

9

8枚つなげたら下部を3mmにカットする。

10

左右の端を重ねるように、花の形にする。
POINT 花びら4枚で1周するようにし、2周させる。

11

底部分2か所をワイヤー（金）でとめて、花びらの位置を固定させる。

12

10で余ったワイヤー（金）を内側に通してもう一度とめ、余分をカットする。これで花びらは完成。

13

ガクをつくる。梅結びのサイズを**12**に合わせて調節し、裏で左右の先端を交差させワイヤー（金）でとめ、余分をカットする。

14

13にかんざし金具をあて、ワイヤー（茶）を裏から通して2カ所とめる。これでガクは完成。
POINT ワイヤーをとめたところが髪にあたらないように、内側でとめる。

15

12に接着剤をつけ、**5**を固定する。さらに、**14**の内側に接着剤をつけ、裏にはる。

Hair Stick
[金魚のかんざし]

材料

金魚･･････････ 45cm水引×2本（赤茶）
水紋･･････････ 45cm水引×1本（赤茶）
ヒレ･･････････ 15cm水引×2本（赤茶）

かんざし金具･･･ 1個
丸カン･･････････ 1個
ワイヤー（金）

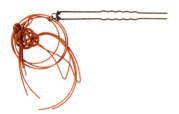

縦約6cm×横約8cm（水引部分）

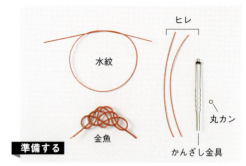

準備する

金魚は、2本どりでゆるめの松結び（p.49）にする。

1

金魚をつくる。金魚用の先端が上にくるように持ち、一番右の輪を広げて尾ビレをつくる。それ以外の輪は引きしめて、胴体にする。

2

尾ビレを、下向きに垂れ下がるような形に折りぐせをつける。

3

目打ちで尾ビレをしごいて丸みをつける。

4

反対側（金魚の口先）の、余分な部分をカットする。

5

ヒレを差し込むすき間を、目打ちで広げる。

6

ヒレ2本をふたつ折りにし、輪を上にして**5**のすき間に通して（★部分）から前に出す。

7 出した輪に段差をつけ、下部は目打ちでしごいて丸みをつける。

8 目打ちでしごいた下部を、バランスをみて数本短くカットする。

9 尾ビレも1本短くカットする。

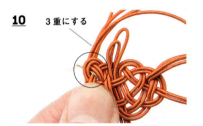

10 水紋用を3重の輪にする。金魚の口先あたりの位置に合わせ、裏でワイヤー（金）でとめて余分をカットする。

11 水紋の水引の余分をカットする。

12 水紋に丸カンをつけ（p.63の「丸カンの開閉」参照）、かんざし金具をつける。

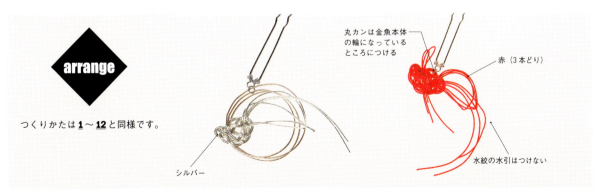

arrange

つくりかたは **1**〜**12** と同様です。

シルバー

丸カンは金魚本体の輪になっているところにつける

赤（3本どり）

水紋の水引はつけない

Earing
[ヴィンテージボタンのイヤリング]

P.13

直径約3cm（水引部分）

材 料 （イヤリング1個分）

本体……………… 45cm水引×12本
　　　　　　　　　（ブラウン水引3本、
　　　　　　　　　　白水引3本）

土台フェルト… 1枚（直径2.5cm）
イヤリング金具………1個
アクセサリーパーツ……1個
地巻ワイヤー（茶）、接着剤

準備する

1

本体用を梅結び（p.42）にする。12本すべてを束ね、片方の端をゴムなどで仮どめする。
POINT 2色が混ざるように、ラフに結んでいく。

2

最初は大きく結び、すき間がなくなるまで引きしめていく。さらに周囲をすぼめて丸みをつける。

3

裏返し、ワイヤー（茶）でとめて、余分をカットする。
POINT 本数が多いので、できるだけ平たくまとめてワイヤーでとめ、平ペンチでつぶしてカットする。

4

3の裏に土台を接着剤でつける。イヤリング金具とアクセサリーパーツも接着剤でつける。

arrange

アクセサリーパーツは好みで。つくりかたは1〜4と同様です。

Flame
[チョコレートコスモスの ウォールフレーム]

花…約直径6cm、つぼみ…直径約1.5cm

材料

花
花びら…10cm水引×16本（ワインレッド）
外側の花芯……30cm水引×1本（ベージュ）
ガク…………30cm水引×2本（薄緑）
花芯…………30cm水引×1本（濃茶）

つぼみ
ガク………25cm水引×1本（薄緑）
花芯………60cm水引×1本（ワインレッド）

フォトフレーム…お好みのもの1個
ワイヤー（金）、地巻ワイヤー（茶）、接着剤、フローラルテープ（薄緑）、両面テープ

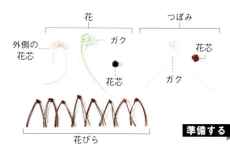

準備する

【花】花びらは、2本どりでひとつ結びにし8個つくる。外側の花芯は、7枚花びらの立体梅結び(p.44)。ガクは、2本どりで梅結び(p.42)にする。花芯は玉結び(p.47)にする。【つぼみ】ガクは立体梅結び(p.44)に、花芯は玉結び(p.47)にする。

1

花をつくる。外側の花芯は、立体梅結びで花びらを6枚つくり、最後の輪にもう一度水引を通し輪を7つに増やす。

2

花びらをつなげる。ワイヤー（茶）で1周巻き、1回ひねって平ペンチでつぶし、次の花びらも同様にしてつなげる。これをくり返す。

3

8個つなげたらワイヤー（茶）部分に両面テープをはり、巻いていく。

4

巻いたら片方のワイヤーを1周巻く。

5

4を開いて1の先端を奥まで差し込む。

6

4で残しておいたもう片方のワイヤーも逆から1周させ、2本を1回ひねってとめる。

7

ワイヤー（茶）の真下で余分をカットする。

8

カットしたところをフローラルテープ（薄緑）で巻く。

POINT フローラルテープがはみ出たら、余分をカットする。

9

ガクを引きしめ小さくし、先端は内側にして指で丸みをつける。

10
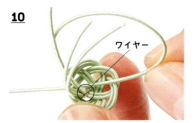

左右の先端が交差したところをワイヤー（金）でとめる。残しておいた長い水引の1本を真ん中へ差し、下へ通す。

11

下に通した1本を残し、上に出ている3本はカットする。残した1本が茎になる。

12

花芯を **8** に接着剤でつけたら、**11** も接着剤でつける。花は完成。

13

つぼみをつくる。ガクの左右の先端が交差したところをワイヤー（金）でとめる。短いほうをカットする。

14

13 に花芯を接着剤でつける。つぼみは完成。

15

フレームの枠の上からバランスをみながら **12** と **14** を接着剤でつける。

POINT モチーフがつきにくいので、グルーガンや強力接着剤を用いるのがおすすめ。

Brooch
[黒猫のブローチ]

縦約4cm×横約5cm

材料

黒猫………… 60cm水引×4本（黒）
鼻…………… 10cm水引×1本（金）
ヒゲ………… 7cm水引×2本（金）
リボン……… 20cm、10cm水引×各1本(赤)

ブローチピン金具……1個
ワイヤー（金）、地巻ワイヤー（茶）、接着剤

準備する

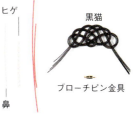

黒猫は、4本どりでゆるい松結び（p.49）にする。

1

黒猫をつくる。黒猫用の松結びの輪を中心から外側に向かって順に引きしめる。両耳になるいちばん外側の輪は引きしめずに残して角をつけ、余分をカットする。

2

ヒゲ用2本をまとめて1に通し、左右からヒゲを出す。鼻を黒猫の中心あたりに通して結び切り（p.40）で結び、余分をカットする。

3

リボン用20cmを、好みの大きさで輪にして束ねる。真ん中をワイヤー（金）でとめ、10cmの水引で枝巻き（p.62「通り雨の帯飾り」の7〜10参照）をする。

4

3の枝巻き部分にワイヤー（茶）を通して一度ねじり、リボンと垂直に伸ばしたら黒猫の下部に通してとめる。裏に、ブローチピン金具を接着剤でつける。

arrange

黒猫のつくりかたは1〜2同様で、リボンをネックレスにかえるアレンジです。ネックレスのつくりかたは右記参照。

黒猫B

金

水引15cm×6本（金）をワイヤー（金）でまとめ、一方を1本ゆるませた三つ編みにする。カーブをつけて黒猫の裏側からワイヤー（茶）を隠すようにしてつける。

P.20

Garland
[ハロウィンのガーランド]

直径約5cm（水引部分）

材料

クロス……… 45cm水引×3本（銀）
カボチャ
本体……… 45cm水引
　　　　　×4本（サーモンピンク）
ヘタ……… 10cm水引×1本（黒）

飾り……… 60cm水引×4本（白2本、
　　　　　金・サーモンピンク各1本）
星…1個（p.80「星くずのコースター」）
黒猫……1個（p.75「黒猫のブローチ」。
　　　　黒猫部分は水引3本）
テグス、接着剤

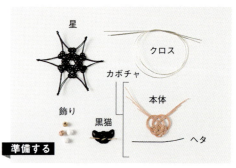

準備する

飾りは玉結び（p.47）にし、4個つくる。カボチャの本体は、4本どりでゆるめの亀の子結び（p.48）にする。

1
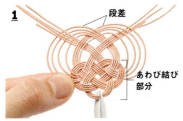

カボチャをつくる。本体の結びの中にある、あわび結びの部分を引きしめる。上部の左右の輪の先端を順に引きしめ、段差をつける。中央下をカットする。

2

1でハサミを入れた部分の左右と、上にはみ出している左右の水引をカットする。
POINT カボチャらしい形に整える。

3

ヘタ用を上に通し2〜3回巻き、結び切り（p.40）で結ぶ。

4
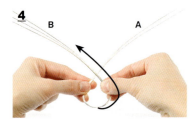

クロスをつくる。クロス用を、Aの上にBがくるように輪をつくる。
POINT このときつくる輪が、クロスで一番大きい部分になる。

5

Bを反時計回りにひねって輪にし、上に重ねる。

6
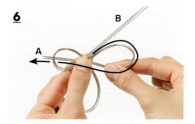

Aを時計回りにひねって輪にし、先端を5でできた輪に通す。左右の輪のサイズをそろえる。
POINT 交差する部分をしっかりおさえる。

通したAを、Bの後ろ側で右へ折る。

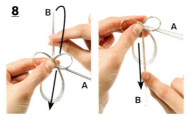

Bを後ろに倒し、指でおさえた結び目で折る。先端は下の輪をくぐって前に出す。

Bをそのまま真上に持ち上げる。

右の輪の後ろにきているAを、輪をくぐって前に出す。

Aを左へ折り曲げ、少しゆるませた中央の結び目に通し左へ出して、しっかり引きしめる。
POINT 中央の結び目が口の字になる。

裏返し、Bを輪にして先端を十字の結び目に入れ込む。
POINT 裏の結び目がきつければ、目打ちでゆるませる。

十字部分に接着剤をつけ固定し、余分をカットする。十字架に見えるように4つの先端をとがらせる。

好みの長さにカットしたテグスに、各パーツをつないでいく。
POINT 2回結んで、平ペンチで引きしめる。

すべてつないだところ。
POINT 好みでパーツを増やしたり、長さを調節するとよい。

Glass Marker
[ジャック・オ・ランタンの
グラスマーカー]

材 料

リング……90cm、45cm水引×各1本（白）
星………… 15cm水引×1本（金）
留め具……… 45cm水引×1本（白）
カボチャ……… 30cm水引×1本（黒）、
　　　　　　　　5cm水引×1本（金）

接着剤
※解説のため工程内は水引の色をかえています。

全長約19cm

準備する

星は梅結び（p.42）に、留め具は玉結び（p.47）に、カボチャはつくっておく（P.76）。

1

星をつくる。星用の梅結びに角をつけ星の形にする。これで星は完成。

2
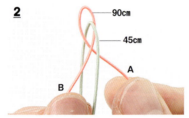

リングをつくる。リング用をふたつ折りにし、90cmのほうの輪に、上に少しスペースを空けて45cmの輪を引っかける。

3
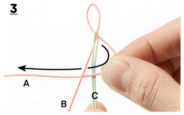

平織りをスタートする。90cmの**A**を**C**の上→**B**の下を通し左へ移動させる。

4
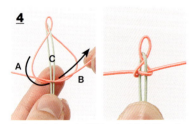

Bを**A**の上→**C**の下→**A**の上を通って、**A**でつくった右側の輪にくぐらせる。

5
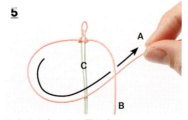

Aを**C**の上→**B**の下にする。

6

Bを右から**C**の下→**A**の輪の上に通してしめる。**3**～**5**をくり返し10回ほど編んでいく。

7

11回目くらいの編み目を引きしめるときに、**1**の星の先端を差し込む。差し込んだ2本の先端はきれいに重ねて、段差ができないようにする。

POINT 平織りは、編み目がきれいにそろうようにする。

8

2回ほど編んだら、次にカボチャを通す。

9

そのまま編み込み、90cmぎりぎりまで編み進める。

10

編み終えたら裏返し、最後の部分に接着剤をつけほどけないよう固定し、余分をカットする。

11

先端をスタートの輪に通し、留め具を通す。

12

45cmの水引の先端をひと結びして、余分をカットする。

arrange

つくりかたは **1**〜**12**と同様です。

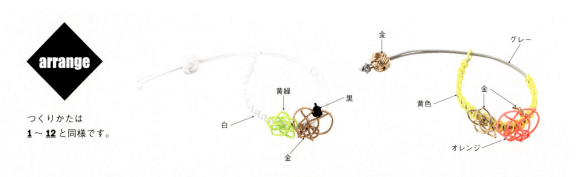

Coaster
[星くずのコースター]

材料
コースター……45cm水引×12本（黒）

接着剤

直径約12cm

準備する

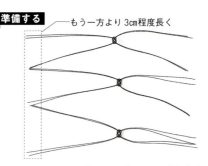

もう一方より3cm程度長く

コースター用は、2本どりで抱きあわび結び（p.45）にし、3個つくる。一方は3cmほど長く結ぶ。

1
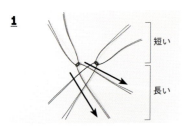

短いほうを上側にして2本を写真のように重ねる。

2
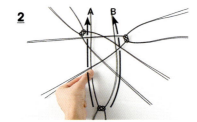

3本目は、長いほうを上にして1の中心に通す。3本目の水引Aは下→上→下→上、水引Bは上→下→上→下と通す。

3
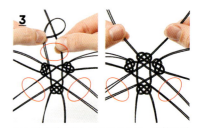

あわび結びが中心にくるように、先端を引きしめる。隣り合う先端同士であわび結びを結ぶ。

4

3と同様に、あわび結びを3個つくる。
POINT 水引がねじれないように気をつける。

5

2周目も同様に結び6個増やす。12本ある先端を4本ひと組みにし、そのうち1本でひと結びする。同様に6カ所つくり、結び目に接着剤をつけ余分をカットする。

arrange
つくりかたは1〜5と同様です。

ゴールド

Swag
[木の実のスワッグ]

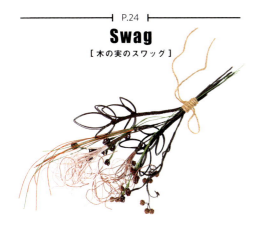

縦約 30cm × 横約 15cm

準備する

リーフ×2セット（もう1セットは薄茶色にする）：木の実（裸ワイヤー、実）、枝巻き、葉、裸ワイヤー

ワレモコウ×3セット：花、枝、茎

グレビアゴールド：オレンジの茎、緑の茎、裸ワイヤー

スモークツリー×大・小各1本：花穂、裸ワイヤー

【ワレモコウ】花は、亀の子結び（p.48）にし、4個つくる。【木の実】実は、1本どりで玉結び（p.47）にし、12個つくる。

材料

ワレモコウ
花……22cm水引×4本（ワインレッド）
枝……10cm水引×3本（緑）
茎……30cm水引×1本（緑）

スモークツリー
花穂……90cm水引×10本（お好みで5色）
裸ワイヤー……20cm×2本

リーフ
枝巻き…90cm水引×2本（茶）
葉……45cm水引×6本（茶）※葉2枚分
裸ワイヤー……20cm×1本

グレビアゴールド（1本分）
オレンジの葉…90cm水引×2本（赤茶）
緑の葉………60cm水引×1本（緑）
裸ワイヤー……15cm×1本

木の実
実……………30cm水引×12本（ブラウン）
枝……………15cm水引×4本（茶）
茎……………5cm水引×4本（茶）
ツル…………10cm水引×2本（茶）
裸ワイヤー……5cm×2本、
　　　　　　　8cm、30cm×各1本

麻ひも……適量
地巻ワイヤー（茶）、フローラルテープ（緑、茶）、接着剤

1

ワレモコウをつくる。花に丸みをつけ、先端2本を亀の子結びの先端にあたる穴に差し込み、引きしめて球状にする。

2

茎の先端を、**1**と同じ場所に通して先を折り曲げ、根もとをワイヤー（茶）でとめる。ワイヤーの余分をカットする。

3

茎1本を残し、花と枝の余分をワイヤーの下でカットする。ワイヤーを隠すようにフローラルテープ（緑）を巻く。

4

1～**3**同様に枝も3個つくり、茎にバランスをみながらワイヤーでとめて、フローラルテープ（緑）で巻く。これを3セットつくる。

5

スモークツリー・小をつくる。葉穂10本のうち適量を15～40cmに切り分け、長いものを輪にするなどしてラフにまとめる。

6

まとめたところをランダムに引っぱって調節し、裸ワイヤーを束に差す。根もとをワイヤー（茶）で2か所とめる。
POINT 裸ワイヤーは一緒にとめられるくらいの長さを差す。

7

束の余分をカットし、根もとからフローラルテープ（茶）を下まで巻いてとめる。

8

手でラフにクセをつける。スモークツリー・大は、残りの花穂を15～70cmに切り分け**5**～**8**同様につくる。これでスモークツリー・大・小は完成。

9

リーフをつくる。葉の水引3本で、p.76「ハロウィンのガーランド」のクロス**4**～**11**同様にし、3つの先端をとがらせる。これを残りの葉3本でもう1個つくる。

10

結び目の根もとまで裸ワイヤーを差し、先端4本をまとめてワイヤー（茶）でとめたら平ペンチでつぶし、下までフローラルテープ（茶）を巻く。

11

枝巻き（p.52「フラミンゴのグラスマーカー」**6**～**10**参照）をする。枝巻き用を2本まとめて先端を2cm程、中に折り込んで巻いていく。途中で**9**でつくったふたつ目のリーフも一緒にして巻いていく。

12

2～3cm残したところで水引の一方を輪にする。もう一方で輪も一緒に巻く。

13

最後まで巻いたら、巻いていた先端を輪に通して途中で折り返した1本を上へ引く。余分はカットする。これでリーフは完成。薄茶色でもう1セットつくる。

14

グレビアゴールドをつくる。スモークツリーの**5〜7**同様にしてつくり、最後のクセづけはしない。これでグレビアゴールドは完成。

15

木の実をつくる。枝用を上部でひと結びし、結び目に茎用を横に差し、結び目をしめる。通した茎用の左右と枝の先端に、接着剤をつけた実を差し込む。

16

ちり棒の先にツル用を差し込み、一度折り曲げてから巻いていく。ちり棒からはずし、のばす。

17

15と**16**を裸ワイヤー5cmとまとめてとめる。

18
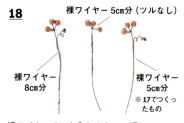

裸ワイヤー8cmを入れたもの、裸ワイヤー5cmを入れたもの(ツルなし)もつくる。フローラルテープを巻く。

19

さらに裸ワイヤーなしの分も1本つくり、裸ワイヤー30cmの先端に写真のようにつけ、5cmの裸ワイヤー使用のもの、一番下に8cmのものを裸ワイヤーでとめる。

20

フローラルテープ(茶)を上から下まで巻いていく。これで木の実は完成。

21

5種類すべてをバランスよく束ね、ワイヤー(茶)でしっかりとめる。麻ひもをかける。

Flame
[お正月のウォールフレーム]

上…縦約4cm×横約8.5cm
中…縦約6cm×横約6cm
下…縦約4.5cm×横約6cm

材料

あわび結び…… 45cm水引×3本（ベージュ）
松結び………… 90cm水引×5本（ベージュ）
平梅結び……… 60cm水引×5本（ベージュ）
花芯…………… 3cm水引×5本（赤）

ウォールフレーム…好みの大きさ1個
ワイヤー（金）、接着剤、マスキングテープ

準備する

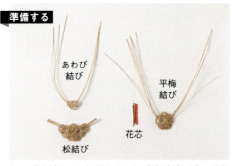

あわび結びは、3本どりであわび結び（p.38）。平梅結びは、5本どりで平梅結び（p.43）。松結びは、5本どりで松結び（p.49）にする。

1

平梅結びの形を整え、先端を短くカットする。花芯5本をすき間なくそろえて表にマスキングテープでとめ、裏側全面に接着剤をつける。乾いたらテープをはがし、真ん中に差し込み固定する。

2
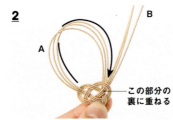

あわび結びの形を整え、Aを途中でひねって輪にし、裏で重ねる。内側から1本ずつ引き段差をつける。

3

裏からワイヤー（金）でとめ、表から見えないようにする。

4
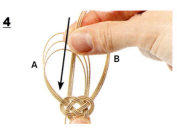

Bは2の輪を前から通して先端を途中でひねって裏で重ね、2～3と同様にしてとめる。

5

先端の余分をカットする。輪にしたところに角をつくり、1、松結びとともに接着剤でバランスよくフレームにはる。

arrangé

つくりかたは1～5と同様です。

ベージュ
薄茶
赤

┠━━ P.25 ┨

Light
【スノードームのテーブルライト】

直径 5cm×高さ 8cm

材 料

スノードーム………… 90cm水引×8本（白）
リボン………… 15cm水引×1本（薄緑）
飾り用パールビーズ……2個
ヤドリギ（p.88）……… 30cm水引×2本（銀）

地巻ワイヤー（白、銀）
※解説のため、工程内では水引の色をかえています。

準備する

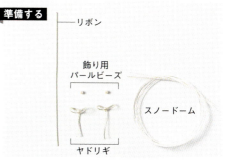

1
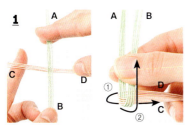

スノードームをつくる。スノードーム用の水引を4本ずつに分け、緑を上にして真ん中で交差させる。Cを右下へ折り（①）、Bを右上に折る（②）。

2
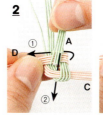

Dを、左へ折る（①）。Aを、ゆるませたピンクの結び目に通してしめる（②）。

3
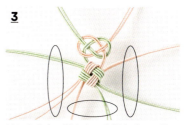

ピンク2本、緑2本で水引を分け、抱きあわび結び（p.45）にする。ほかの3辺もつくる。

4

4個つくって1段の完成。2段目と3段目は少しずつ大きくし、3段目の大きさのまま7段まで進める。

POINT 結び進めると、そのままドーム状になる。

5
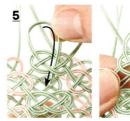

8段目の最後は、左端を結びの真ん中へ入れ、できた輪の中に右端を通す。先端を交差させ、ワイヤー（白）でとめる。ほかの結び3個も同様にとめる。

6

ヤドリギ（p.88「ヤドリギのランプ」**1**〜**7**参照）を2個つくり交差させ、ワイヤー（銀）を通したパールビーズを中心にひねってつけ、**5**の上部にリボン用でもろわな結び（p.41）で結ぶ。

Ornament
[聖夜のオーナメント]

全長 13cm

材 料 (1個分)

本体………… 30cm水引×20本（金）
土台………… 30cm水引×4本（金）

タッセル（白）… 1個
リボン………… お好みのもの
ワイヤー（金）、テグス、接着剤

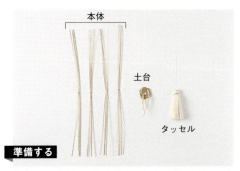

準備する

土台は、4本どりで梅結び（p.42）にする。本体は重ならないように5本を平らに並べ、中央をワイヤー（金）でとめる。これを4組つくる。

1

本体をつくる。本体用4組すべてふたつ折りにする。1組を丸みをもたせ先端を交差させる。
POINT 水引は重ならないようにする。

2

左の外側4本を上へずらしてふくらませる。次に外側3本をさらにふくらませる。

3

次に外側2本、1本と順にふくらませる。

4

反対側も**2**～**3**同様に4本ふくらませる。

5
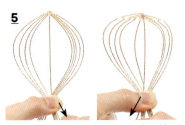

次に左の内側1本、右の内側1本を引き、全体を反らせて丸くする。
POINT 根もとをしっかりと持つ。1回で引こうとせず、2～3回に分けて引くとよい。

6

5の長さに合わせて残りの4本を引いて形を整える。
POINT 左右のバランスを合わせる。

7

根もとをワイヤー（金）でとめる。**1**〜**7**同様に3個つくる。
POINT 4個とも同じサイズになっているか確認すること。

8

4個をつなぎ合わせる。まず対角線上の2個をつなぎ、折り目部分をワイヤー（金）でとめる。

9

残りの2個を**8**の間に挟むようにして、**8**と同様にワイヤー（金）でとめる。

10

根もとの4組をワイヤー（金）でとめ、根もとの余分をカットする。

11

土台を引きしめ、丸みをつける。交差した先端の根もとを内側にしてワイヤー（金）でとめて、余分をカットする。

12

11とタッセルをテグスや糸などでつなぐ。

13

11に接着剤をつけ、**10**をつける。

14

吊るすためのリボンを上部につける。

arrange つくりかたは**1**〜**14**と同様です。

— シルバー
— グレー

Lamp
[ヤドリギのランプ]

P.28

全長 28cm

材料

ヤドリギ……… 90cm水引× 16本
　　　　　　　（モルトゴールド）
　　　　　　　※枝巻き用1本含む
実…………… 30cm水引× 15本（白）

LEDワイヤーライト……1個
ワイヤー（金）

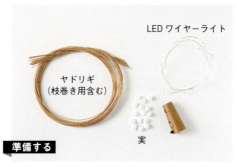

準備する

実は、1本どりで玉結び（p.47）にし、15個つくる。玉結びはできるだけ小さくつくる。2〜3周が目安。

1

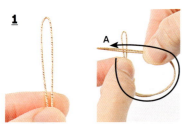

ヤドリギをつくる。ヤドリギ用をふたつ折りにし、輪をつくる。A を反時計回りにまわして左へ持っていき、輪の上に置く。
POINT 水引の並びは重ならないように。

2

右にできた輪を、上へ折り上げる。

3

A は後ろ側から右へ折り、右の輪を後ろから前にくぐらせる。

4

そのまま A を左横へ折る。

5

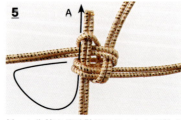

折った先端を反時計回りにまわして輪をつくり、中心の結び目と上の輪に通す。

6

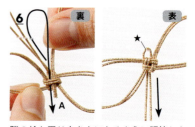

隣の輪と同じ大きさになるように調節したら裏返し、結び目に通して引きしめる。
POINT 表は口の字、裏は十字になる。

7

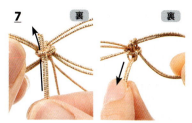

出ている小さな輪（**6**の★部分）を90度後ろへ折り曲げ、小さな輪に先端を通す。全体の形を整える。**1**〜**7**同様にあと15本つくる。

8

実2個にワイヤー（金）を通してねじる。

9

7を2本、茎の部分で互い違いに持ち、交差させる。

10

9の交差部分を**8**ではさみ、ワイヤー（金）でとめる。ヤドリギの葉と茎の向きをそろえる。これを5セットつくる。

11

実1個にワイヤー（金）を通す。残りのヤドリギの葉の中心部につけてとめる。これを5本つくる。

12

10と**11**を茎の部分で互い違いにして交差させ、中心をワイヤー（金）でとめる。3つの葉を上向きにして整える。これを5本つくる。

13

12とLEDワイヤーライトを束ね、ワイヤー（金）でとめる。

14

枝巻き用で枝巻き（p.52「フラミンゴのグラスマーカー」**6**〜**10**参照）をする。枝巻き用を2cm上に出し、下に輪をつくり折り返して、枝巻きをスタートする。

15

最後まで巻いたら先端を下の輪に通し、上部の先端を引いて輪を中へ入れ込む。余分をカットし全体を整える。

Decoration
[稲穂飾り]

縦約 17cm × 横約 8.5cm
（水引部分）

材料

飾り
応用結び…90cm水引×3本（赤2本、白1本）
枝巻き………… 90cm水引×1本（白）
接続用………… 10cm水引×1本（金）
フック用……… 15cm水引×1本（白）

稲穂…………… 1束
地巻ワイヤー（白）

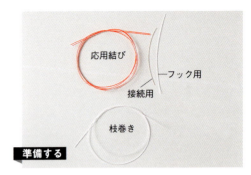
準備する

1
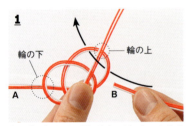

応用結びであわび結び（p.38）をつくりAを輪の下、Bを輪の上にする。Bの先端を右の輪に下→上→下で通す。

2

Bの先端を、**1**のように通し終えたところ。

3
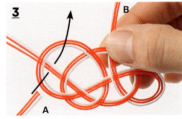

反対側のAの先端は、左の輪に上→下→上で通す。

4

Bの先端を、反時計回りに左へ持っていき輪をつくる。一番左の輪に通し結びの裏へ出す。

5
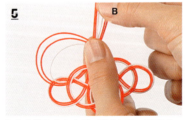

Bを内側から1本ずつ引きしめ、段差をつける。

6
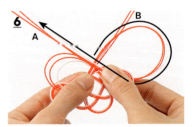

Aの先端を、時計回りに右へ持っていき輪をつくる。一番右の輪に後ろから手前通しAを上にしてBと交差させる。

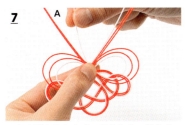

7 Aを内側から1本ずつ引きしめ、段差をつける。

8 天地を逆にし、真ん中の交差部分をワイヤー（白）でとめる。

9 稲穂をワイヤー（白）でとめる。枝巻き用で枝巻きをする（p.52「フラミンゴのグラスマーカー」の **6**〜**10** 参照）。上に2〜3cm程度出して下で輪をつくり、上からスタート。2〜3回巻いたら、本体を回して巻いていく。

10 最後まで巻いたら先端を下の輪に通し、上に出ていた部分を引いて輪を中へ入れ込む。

11 接続用で **10** に **7** を結び切り（p.40）する。

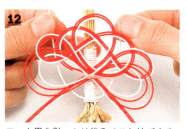

12 フック用を引っかけ後ろでひと結びする。
POINT 吊るすときのためにフックをつける。

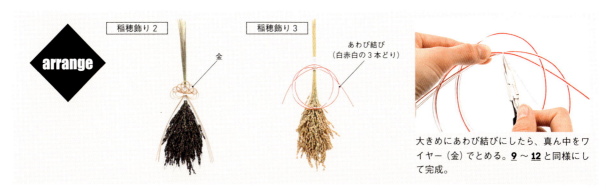

arrange

稲穂飾り2 — 金

稲穂飾り3 — あわび結び（白赤白の3本どり）

大きめにあわび結びにしたら、真ん中をワイヤー（金）でとめる。**9**〜**12** と同様にして完成。

Flower Base
[升飾り]

ます…9cm角

材 料

飾り……… 90cm水引×8本
　　　　　（赤4本、白4本）

ます……… 1個
両面テープ

準備する

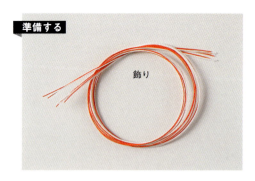

飾り

1
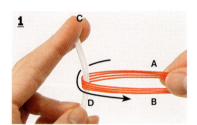

飾り用を赤白それぞれ4本ひと組にし、白を上にして真ん中で交差させる。Bを右下へ折る。

2
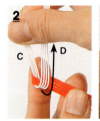

次にDを上に折る。Aを左に折る。

3
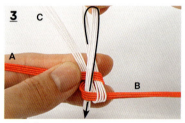

Cの先端を、ゆるませた結び目に入れ引きしめる。これが底になる。
POINT 結び目が口の字になるように整える。

4
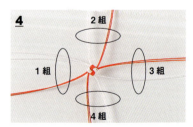

赤2本、白2本を1組にして4組に分ける。

5
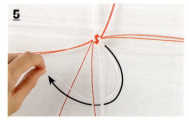

下の1組を結ぶ。右端の白1本を、隣の白と赤1本の下を通して左端の赤の上にする。

6
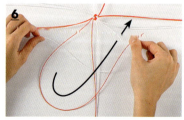

左端の赤1本を、隣の赤と白1本の上を通して右端の輪に上から通す。
POINT 上に結び目をしめるようにぐっと引く。

5で移動させた左端の白1本を、隣の赤と白の2本の下を通して右端の赤の上にする。

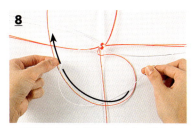

6で移動させた右端の赤1本を、隣の白と赤の2本の上を通して左端の輪に上から通す。

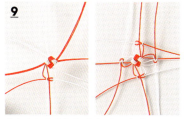

左右をしめると結びがひとつ完成。**5**〜**9**をほかの3組にも行う。

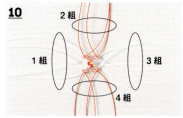

赤4本、白4本を1組にして4組に分ける。

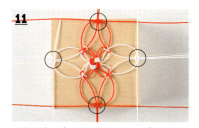

ますの真ん中に**10**を両面テープで固定する。ますの底辺に合わせて**5**〜**9**同様にし、赤4本、白4本それぞれで2周目を結ぶ。

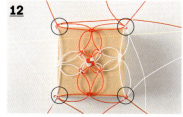

次はますの角に合わせて、赤2本と白2本1組で3周目を結ぶ。
POINT ますの角に引っかけて結ぶ。

4周目は、ますの側面の中央に結び目がくるように赤、白それぞれで1周する。

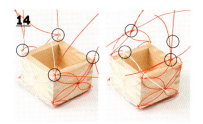

ますを表に返し、5周目は結び目が上部の角にくるようにし、6周目はますより上の位置で結ぶ。

14でできた4つの先端のうち外側2つを角の結び目に差し込む。残り2つはそのままにする。ほかの3辺も同様にする。余分な水引をランダムにカットする。

93

Cutlery Rest
[福寄せのはし置き]

材 料

はし置き……… 45cm水引×3本
(赤2本、白1本)

接着剤

縦約3cm×横約4cm

準備する

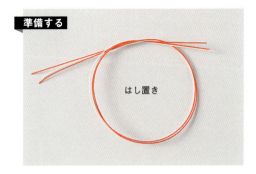

はし置き

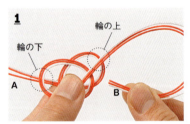

1 はし置き用の水引であわび結び（p.38）をつくり、Aを輪の下、Bを輪の上にくるようにする。

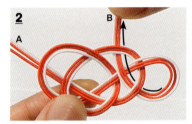

2 Bの先端を右の輪に下→上→下で通す。

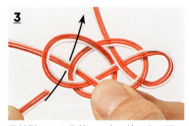

3 反対側のAの先端は、左の輪に上→下→上で通す。

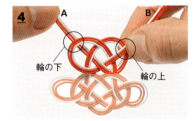

4 3でできた上に、もうひとつ1同様にあわび結びを結ぶ。
POINT Aは輪の下、Bは輪の上にくるようにする。

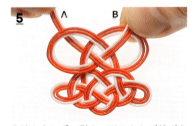

5 先端を少しずつ引き、下のあわび結びを小さく引きしめる。
POINT 6の工程で水引3本分通すので、そのスペースは空けておく。

6 Bを、5の引きしめたあわび結びの、右の輪に通す。

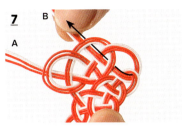

7 そのまま上の輪に下→上→下で通していく。

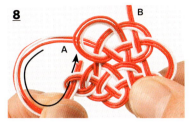

8 反対側も同様に。**A** を、**5** の引きしめたあわび結びの、左の輪に通す。

9 そのまま上の輪に上→下→上で通していく。

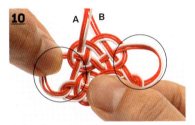

10 左右の大きな輪を引いたりしながら、全体を引きしめ小さくする。

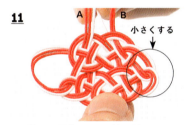

11 Bを引き、最後に **10** の輪を引きしめて、全体の形を整える。反対側も同様に。

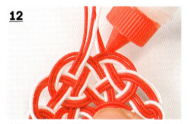

12 裏返し、先端が出ているところに接着剤をつける。

13 余分をカットし、指で丸みをつける。

arrange

つくりかたは **1**〜**13** と同様です。

金

著者
高橋千紗

大学とメイクアップスクールのダブルスクールののち、化粧品メーカー勤務。退職後、趣味であらゆるものづくりをするなかで水引と折方に出会い、基礎から学ぶ。オンラインショップやイベントへの作品出展をはじめ、横浜・湘南エリアにてワークショップを不定期開催するなど、精力的に活動中。伝統的な水引の結び方を踏まえつつも、上品な色づかいやいまの時代に即したアイテムづくりに定評がある。

XYZjewelry+Life
https://xyzpluslife.theshop.jp

[STAFF]
編集・制作　後藤加奈（株式会社ロビタ社）
撮影　　　　寺岡みゆき
　　　　　　天野憲仁（株式会社日本文芸社）
スタイリング　鈴木亜希子
デザイン　　みうらしゅう子
執筆協力　　兼子梨花
プリンティングディレクション　丹下善尚（図書印刷株式会社）

［資材提供先］
水引素材ドットコム
https://mizuhikisozai.com

貴和製作所
https://www.kiwaseisakujo.jp/shop/

水引で結ぶ、もてなす、いろどる。
季節の小物とアクセサリー

2019年7月20日　第1刷発行

著　者　高橋千紗
発行者　吉田芳史
印刷所　図書印刷株式会社
製本所　図書印刷株式会社
発行所　株式会社日本文芸社
　　　　〒101-8407　東京都千代田区神田神保町1-7
　　　　TEL 03-3294-8931（営業）
　　　　　　03-3294-8920（編集）

Printed in Japan 112190712-112190712 Ⓝ 01 (200018)
ISBN978-4-537-21705-6
URL　https://www.nihonbungeisha.co.jp/
Ⓒ Chisa Takahashi 2019

印刷物のため、作品の色は実際と違って見えることがあります。ご了承ください。

本書の一部、または全部をホームページに掲載したり、本書に掲載された作品を複製して店頭やネットショップなどで無断で販売することは、著作権法で禁じられています。

乱丁・落丁本などの不良品がありましたら、小社製作部宛にお送りください。送料小社負担にておとりかえいたします。法律で認められた場合を除いて、本書からの複写・転載（電子化を含む）は禁じられています。また、代行業者等の第三者による電子データ化及び電子書籍化は、いかなる場合も認められていません。
(編集担当：角田)